TRANSLATED

Translated Language Learning

Y Eos a'r Rhosyn

The Nightingale and the Rose
Oscar Wilde

Cymraeg / English

Copyright © 2023 Tranzlaty
All rights reserved.
ISBN: 978-1-83566-007-2
Original text by Oscar Wilde
The Nightingale and the Rose
Written in 1888 in English
www.tranzlaty.com

Y Eos a'r Rhosyn
The Nightingale and the Rose

'Dywedodd y byddai'n dawnsio gyda mi pe bawn i'n dod â'i rhosod coch'
'She said that she would dance with me if I brought her red roses'
'ond yn fy holl ardd does dim rhosyn coch' gwaeddodd y myfyriwr ifanc
'but in all my garden there is no red rose' cried the young Student
O'i nyth yng nghoeden Holm Oak clywodd yr Eos ef
from her nest in the holm-oak tree the nightingale heard him
A hi a edrychodd allan trwy'r dail, ac a ryfeddodd
and she looked out through the leaves, and wondered

'Dim rhosyn coch yn fy holl ardd!' gwaeddodd
'No red rose in all my garden!' he cried
a'i lygaid hardd yn llawn dagrau
and his beautiful eyes filled with tears
'Ar ba bethau bach mae hapusrwydd yn dibynnu!'
'On what little things does happiness depend!'
'Yr wyf wedi darllen popeth a ysgrifennodd y doethion'
'I have read all that the wise men have written'
'Holl gyfrinachau athroniaeth yn eiddo i mi'
'all the secrets of philosophy are mine'
'Eto i gyd am fod eisiau rhosyn coch mae fy mywyd yn cael ei wneud yn druenus'
'yet for want of a red rose my life is made wretched'

'O'r diwedd dyma gariad go iawn,' meddai'r eos
'Here at last is a true lover,' said the nightingale
"Nos ar ôl nos yr wyf wedi canu amdano, er nad oeddwn yn ei adnabod"
'Night after night have I sung of him, though I knew him not'
'Nos ar ôl nos rydw i wedi adrodd ei stori i'r sêr'

'Night after night have I told his story to the stars'
'Ac yn awr yr wyf yn ei weld'
'and now I see him'

'Mae ei wallt mor dywyll â'r hyacinth-blossom'
'His hair is as dark as the hyacinth-blossom'
'Y mae ei wefusau mor goch â rhosyn ei ddymuniad'
'and his lips are as red as the rose of his desire'
'ond angerdd wedi gwneud ei wyneb fel Pale Ifori'
'but passion has made his face like pale Ivory'
'a tristwch wedi gosod ei sêl ar ei brow'
'and sorrow has set her seal upon his brow'

'Mae'r Tywysog wedi trefnu pêl yfory,' meddai'r myfyriwr ifanc
'The Prince has organized a ball tomorrow,' said the young student
'A bydd fy nghariad yno'
'and my love will be there'
'Os byddaf yn dod â rhosyn coch iddi, bydd hi'n dawnsio gyda mi'
'If I bring her a red rose, she will dance with me'
'Os deuaf â rhosyn coch iddi, fe'i daliaf yn fy mreichiau'
'If I bring her a red rose, I will hold her in my arms'
'A hi a bwysa ei phen ar fy ysgwydd'
'and she will lean her head upon my shoulder'
'a bydd ei llaw yn cael ei chwydu yn fy un i'
'and her hand will be clasped in mine'

'Ond does dim rhosyn coch yn fy ngardd'
'But there is no red rose in my garden'
'felly mi fydda i'n eistedd yn unig'
'so I will sit lonely'
'A bydd hi'n mynd heibio i mi'
'and she will go past me'
'Fydd hi ddim yn gwrando arna i'
'She will have no heed of me'

'A bydd fy nghalon yn torri'
'and my heart will break'

'Yma yn wir yw'r gwir gariad,' meddai'r eos
'Here indeed is the true lover,' said the nightingale
'Yr hyn rwy'n ei ganu amdano mae'n dioddef'
'What I sing of he suffers'
'Yr hyn sy'n llawenydd i mi yw poen iddo'
'what is joy to me is pain to him'
'Siawns fod cariad yn beth bendigedig'
'Surely love is a wonderful thing'
'Mae cariad yn fwy gwerthfawr nag emrallt'
'love is more precious than emeralds'

'A chariad yn fyddarach na mân opals'
'and love is dearer than fine opals'
'Ni all perlau a pomgranadau brynu cariad'
'Pearls and pomegranates cannot buy love'
'Nid yw cariad yn cael ei werthu yn y farchnad'
'nor is love sold in the market-place'
'Ni ellir prynu cariad gan fasnachwyr'
'love can not be bought from merchants'
'Ni ellir gwerthfawrogi cariad chwaith ar gydbwysedd am aur'
'nor can love be weighed on a balance for gold'

'Bydd y cerddorion yn eistedd yn eu horiel,' meddai'r myfyriwr ifanc
'The musicians will sit in their gallery,' said the young student
'A byddant yn chwarae ar eu hofferynnau llinynnol'
'and they will play upon their stringed instruments'
'A bydd fy nghariad yn dawnsio i sain y delyn'
'and my love will dance to the sound of the harp'
'A bydd hi'n dawnsio i sŵn y ffidil'
'and she will dance to the sound of the violin'
'Bydd hi'n dawnsio mor ysgafn fydd ei thraed ddim yn cyffwrdd y llawr'
'She will dance so lightly her feet won't touch the floor'

'A bydd y llyswyr yn bwrw o'i chwmpas'
'and the courtiers will throng round her'
'Fydd hi ddim yn dawnsio gyda fi'
'but she will not dance with me'
'Am nad oes gen i rosyn coch i'w rhoi iddi'
'because I have no red rose to give her'
Lusgodd ei hun i lawr ar y glaswellt
he flung himself down on the grass
Claddwyd ei wyneb yn ei ddwylo, ac wylo
and he buried his face in his hands and wept

'Pam mae e'n wylo?' gofynnodd ychydig o fadfall werdd
'Why is he weeping?' asked a little Green Lizard
tra'i fod yn rhedeg heibio gyda'i gynffon yn yr awyr
while he ran past with his tail in the air
'Pam yn wir?' meddai glöyn byw
'Why indeed?' said a Butterfly
tra roedd yn fluttering o gwmpas ar ôl pelydr haul
while he was fluttering about after a sunbeam
'Pam yn wir?' sibrwd llanast i'w gymydog mewn llais meddal, isel
'Why indeed?' whispered a daisy to his neighbour in a soft, low voice

'Mae'n wylo am rosyn coch,' meddai'r eos
'He is weeping for a red rose,' said the nightingale
'Am rosyn coch!' medden nhw'n ddieuog
'For a red rose!?' they exclaimed
'Pa mor hurt iawn!'
'how very ridiculous!'
a'r Lizard bach, a oedd yn dipyn o sinig, yn chwerthin yn llwyr
and the little Lizard, who was something of a cynic, laughed outright

Ond roedd yr eos yn deall cyfrinach tristwch y myfyriwr
But the nightingale understood the secret of the student's sorrow

Ac eisteddodd yn dawel yn y derw
and she sat silent in the oak-tree
a meddyliodd am ddirgelwch cariad
and she thought about the mystery of love
Yn sydyn lledodd ei adenydd brown
Suddenly she spread her brown wings
ac fe suddodd i'r awyr
and she soared into the air

Cerddodd trwy'r rhigol fel cysgod
She passed through the grove like a shadow
ac fel cysgod hwyliodd hi ar draws yr ardd
and like a shadow she sailed across the garden
Yng nghanol yr ardd roedd coeden rhosyn hardd
In the centre of the garden was a beautiful rose-tree
A phan welodd hi y rhosbren, hi a ffodd drosto
and when she saw the rose-tree, she flew over to it
a hi a aeth ar wasgar
and she perched upon a twig

'Rho i mi rosyn coch,' gwaeddodd
'Give me a red rose,' she cried
'Rho rhosyn coch i mi a byddaf yn canu fy nghân felysaf i chi'
'give me a red rose and I will sing you my sweetest song'
Ond ysgydwodd y goeden ei phen
But the Tree shook its head
'Mae fy rhosod yn wyn,' atebodd y goeden rosyn
'My roses are white,' the rose-tree answered

'mor wyn ag ewyn y môr'
'as white as the foam of the sea'
'ac yn wynnach na'r eira ar y mynydd'
'and whiter than the snow upon the mountain'
'Ond mynd at fy mrawd sy'n tyfu rownd yr hen ddeialu haul'
'But go to my brother who grows round the old sun-dial'
'Efallai y bydd yn rhoi'r hyn rydych chi ei eisiau i chi'
'perhaps he will give you what you want'

Felly, fe hedfanodd yr eos drosodd at ei frawd
So the nightingale flew over to his brother
y goeden rhos yn tyfu o amgylch yr hen ddeialu haul
the rose-tree growing round the old sun-dial
'Rho i mi rosyn coch,' gwaeddodd
'Give me a red rose,' she cried
'Rho rhosyn coch i mi a byddaf yn canu fy nghân felysaf i chi'
'give me a red rose and I will sing you my sweetest song'
Ond ysgydwodd y goeden rosyn ei phen
But the rose-tree shook its head
'Mae fy rhosod yn felyn,' atebodd y goeden rosyn
'My roses are yellow,' the rose-tree answered

'Mor felyn â gwallt môr-forwyn'
'as yellow as the hair of a mermaid'
'a melynach na'r cennin Pedr sy'n blodeuo yn y ddôl'
'and yellower than the daffodil that blooms in the meadow'
'Cyn i'r mower ddod gyda'i scythe'
'before the mower comes with his scythe'
'Ond dos at fy mrawd sy'n tyfu dan ffenestr y myfyriwr'
'but go to my brother who grows beneath the student's window'
'Ac efallai y bydd yn rhoi'r hyn rydych chi ei eisiau i chi'
'and perhaps he will give you what you want'

Felly, fe hedfanodd yr eos drosodd at ei frawd
So the nightingale flew over to his brother
y goeden rhosyn yn tyfu o dan ffenestr y myfyriwr
the rose-tree growing beneath the student's window
'Rho i mi rosyn coch,' gwaeddodd
'give me a red rose,' she cried
'Rho rhosyn coch i mi a byddaf yn canu fy nghân felysaf i chi'
'give me a red rose and I will sing you my sweetest song'
Ond ysgydwodd y goeden rosyn ei phen
But the rose-tree shook its head

'Mae fy rhosod yn goch,' atebodd y goeden rhosyn
'My roses are red,' the rose-tree answered
'mor goch â thraed y golomen'
'as red as the feet of the dove'
'a redder na chefnogwyr mawr cwrel'
'and redder than the great fans of coral'
'Y cwrelau sy'n siglo yn y môr-ogofân'
'the corals that sway in the ocean-cavern'

'Ond mae'r gaeaf wedi oeri fy ngwythiennau'
'But the winter has chilled my veins'
'A'r rhew wedi nithio fy blagur'
'and the frost has nipped my buds'
'a'r storm wedi torri fy nghanghennau'
'and the storm has broken my branches'
'Fydd gen i ddim rhosod o gwbl eleni'
'and I shall have no roses at all this year'

'Un rhosyn coch yw'r cyfan rydw i eisiau,' gwaeddodd yr eos
'One red rose is all I want,' cried the nightingale
'Does dim ffordd i mi ei gael?'
'Is there no way by which I can get it?'
'Mae yna ffordd' atebodd y goeden rosyn'
'There is a way' answered the rose-tree'
'ond mae mor ofnadwy fel nad ydw i'n meiddio dweud wrthoch chi'
'but it is so terrible that I dare not tell you'
'Dywedwch wrtho i' meddai'r eos
'Tell it to me' said the nightingale
'Does gen i ddim ofn'
'I am not afraid'

'Os ydych chi eisiau rhosyn coch,' meddai'r goeden rhosyn
'If you want a red rose,' said the rose-tree
'Os ydych chi eisiau rhosyn coch mae'n rhaid i chi adeiladu'r rhosyn allan o gerddoriaeth'
'if you want a red rose you must build the rose out of music'

'tra bydd y golau lleuad yn tywynnu arnoch chi'
'while the moonlight shines upon you'
'A rhaid i ti staenio'r rhosyn â gwaed dy galon'
'and you must stain the rose with your own heart's blood'

'Rhaid canu i mi gyda'th fron yn erbyn drain'
'You must sing to me with your breast against a thorn'
'Trwy'r nos mae'n rhaid i chi ganu i mi'
'All night long you must sing to me'
'Rhaid i'r ddraenen dyllu'ch calon'
'the thorn must pierce your heart'
'Rhaid i'ch gwaed bywyd lifo i mewn i'm gwythiennau'
'your life-blood must flow into my veins'
'A rhaid i'ch gwaed bywyd ddod yn fy mywyd i fy hun'
'and your life-blood must become my own'

'Mae marwolaeth yn bris uchel i'w dalu am rosyn coch,' gwaeddodd yr eos
'Death is a high price to pay for a red rose,' cried the nightingale
'Bywyd yn annwyl iawn i bawb'
'life is very dear to all'
'Mae'n braf eistedd yn y pren gwyrdd'
'It is pleasant to sit in the green wood'
'Mae'n braf gwylio'r haul yn ei gerbyd aur'
'it is nice to watch the sun in his chariot of gold'
'Ac mae'n braf gwylio'r lleuad yn ei cherbyd perlog'
'and it is nice to watch the moon in her chariot of pearl'

'Melys yw arogl y ddraenen'
'sweet is the scent of the hawthorn'
'Melys yw'r clychau'r gog sy'n cuddio yn y dyffryn'
'sweet are the bluebells that hide in the valley'
'A melys yw'r grug sy'n chwythu ar y bryn'
'and sweet is the heather that blows on the hill'
'Eto i gyd mae cariad yn well na bywyd'
'Yet love is better than life'

'A beth yw calon aderyn o'i gymharu â chalon dyn?'
'and what is the heart of a bird compared to the heart of a man?'
Felly lledodd ei adenydd brown ar gyfer hedfan
So she spread her brown wings for flight
ac fe suddodd i'r awyr
and she soared into the air
Ysgubodd hi dros yr ardd fel cysgod
She swept over the garden like a shadow
ac fel cysgod hwyliodd drwy'r grochan
and like a shadow she sailed through the grove

Roedd y myfyriwr ifanc yn dal i orwedd yn yr ardd
The young Student was still lying in the garden
Ac nid oedd ei ddagrau'n sych eto yn ei lygaid hardd
and his tears were not yet dry in his beautiful eyes
'Byddwch yn hapus,' gwaeddodd yr eos
'Be happy,' cried the nightingale
'Bydd gennych eich rhosyn coch'
'you shall have your red rose'
'Fe wna i dy rosyn allan o gerddoriaeth'
'I will make your rose out of music'
'tra bydd golau'r lleuad yn llewyrchu arnaf'
'while the moonlight shines upon me'

'a byddaf yn staenio dy rosyn â gwaed fy nghalon'
'and I will stain your rose with my own heart's blood'
'Y cyfan yr wyf yn gofyn i chi yn gyfnewid yw y byddwch yn wir gariad'
'All that I ask of you in return is that you will be a true lover'
'oherwydd y mae cariad yn ddoethach nag athroniaeth, er ei bod yn ddoeth'
'because love is wiser than Philosophy, though she is wise'
"Y mae cariad yn gryfach na nerth, er ei fod yn nerthol"
'and love is mightier than power, though he is mighty'

'Fflam-liw yw ei adenydd'
'flame-coloured are his wings'
'A lliwgar fel fflam yw ei gorff'
'and coloured like flame is his body'
'Mae ei wefusau mor felys â mêl'
'His lips are as sweet as honey'
a'i anadl fel thus
'and his breath is like frankincense'

Edrychodd y myfyriwr i fyny o'r glaswellt
The Student looked up from the grass
ac efe a wrandawodd ar yr eos
and he listened to the nightingale
Ond doedd e ddim yn deall beth roedd hi'n ei ddweud
but he could not understand what she was saying
am ei fod ond yn gwybod beth oedd wedi ei ddarllen mewn llyfrau
because he only knew what he had read in books
Ond deallodd y goeden Oak, ac roedd yn teimlo'n drist
But the Oak-tree understood, and he felt sad

Yr oedd yn hoff iawn o'r Nightingale bach
he was very fond of the little nightingale
am iddi adeiladu ei nyth yn ei ganghennau
because she had built her nest in his branches
"Canwch un gân olaf i mi," sibrydiodd
'Sing one last song for me,' he whispered
'Byddaf yn teimlo'n unig iawn pan fyddwch wedi mynd'
'I shall feel very lonely when you are gone'
Felly canodd yr eos i'r goeden Oak-tree
So the nightingale sang to the Oak-tree
a'i llais fel dŵr yn byrlymu o jar arian
and her voice was like water bubbling from a silver jar
Ar ôl iddi orffen ei chân, cododd y myfyriwr
When she had finished her song the student got up
a thynnu llyfr nodiadau allan
and he pulled out a note-book

a daeth o hyd i bensil plwm yn ei boced
and he found a lead-pencil in his pocket
'Mae ganddi ffurf,' meddai wrtho'i hun
'She has form,' he said to himself
'na ellir gwadu iddi ffurf iddi'
'that she has form cannot be denied to her'
'Ond a oes ganddi deimlad?'
'but does she have feeling?'
'Dwi'n ofni nad oes ganddi unrhyw deimlad'
'I am afraid she has no feeling'

'A dweud y gwir, mae hi fel y rhan fwyaf o artistiaid'
'In fact, she is like most artists'
'Mae hi i gyd yn arddull, heb unrhyw ddidwylledd'
'she is all style, without any sincerity'
'Fyddai hi ddim yn aberthu ei hun dros eraill'
'She would not sacrifice herself for others'
'Mae hi'n meddwl dim ond cerddoriaeth'
'She thinks merely of music'
'A phawb yn gwybod bod y celfyddydau'n hunanol'
'and everybody knows that the arts are selfish'

'Yn dal i fod, rhaid cyfaddef bod ganddi rai nodiadau hardd'
'Still, it must be admitted that she has some beautiful notes'
'Mae'n drueni nad yw ei chân yn golygu unrhyw beth'
'it's a pity her song does not mean anything'
'Ac mae'n drueni nad yw ei chân yn ddefnyddiol'
'and it's a pity her song is not useful'
Ac aeth i mewn i'w ystafell
And he went into his room
a gorweddodd ar ei wely bach
and he lay down on his little pallet-bed
a dechreuodd feddwl am ei gariad nes iddo syrthio i gysgu
and he began to think of his love until he fell asleep

A phan fo'r lleuad yn disgleirio yn y nefoedd fe hedfanodd yr eos i'r goeden Rose-tree
And when the moon shone in the heavens the nightingale flew to the Rose-tree
a hi a osododd ei fron yn erbyn y ddraenen
and she set her breast against the thorn
Trwy'r nos roedd hi'n canu gyda'i fron yn erbyn y ddraenen
All night long she sang with her breast against the thorn
a'r lleuad grisial oer yn pwyso i lawr ac yn gwrando
and the cold crystal Moon leaned down and listened
Trwy'r nos roedd hi'n canu
All night long she sang
ac aeth y ddraenen yn ddyfnach ac yn ddyfnach i'w bronnau
and the thorn went deeper and deeper into her breast
a'i gwaed gwaed yn cilio oddi wrthi
and her life-blood ebbed away from her

Yn gyntaf canodd am enedigaeth cariad yng nghalon bachgen a merch
First she sang of the birth of love in the heart of a boy and a girl
Ac ar y gangen uchaf o'r goeden rhosyn yno flodeuodd rhosyn rhyfeddol
And on the topmost branch of the rose-tree there blossomed a marvellous rose
Dilynodd Pete Petal, wrth i'r gân ddilyn cân
petal followed petal, as song followed song
Ar y dechrau roedd y rhosyn yn dal yn welw
At first the rose was still pale

fel y niwl sy'n hongian dros yr afon
as pale as the mist that hangs over the river
fel traed y bore
as pale as the feet of the morning
ac fel arian ag adenydd y wawr
and as silver as the wings of dawn
Fel welw cysgod rhosyn mewn drych o arian
As pale the shadow of a rose in a mirror of silver

fel cysgod rhosyn mewn pwll o ddŵr
as pale as the shadow of a rose in a pool of water

Ond gwaeddodd y goeden ar y nos;
But the Tree cried to the nightingale;
'Pwyswch yn agosach, ychydig o eos, neu daw'r diwrnod cyn i'r rhosyn gael ei orffen'
'Press closer, little nightingale, or the day will come before the rose is finished'
Felly roedd yr eos yn pwyso'n agosach yn erbyn y ddraenen
So the nightingale pressed closer against the thorn
Ac mae ei gân yn tyfu'n uwch ac yn uwch
and her song grew louder and louder
am ei bod yn canu am enedigaeth angerdd yn enaid dyn a morwyn
because she sang of the birth of passion in the soul of a man and a maid

A dail y rhosyn fflysio pinc cain
And the leaves of the rose flushed a delicate pink
fel y fflysio yn wyneb y priodfab pan fydd yn cusanu gwefusau'r briodferch
like the flush in the face of the bridegroom when he kisses the lips of the bride
Ond nid oedd y ddraenen wedi cyrraedd ei chalon eto
But the thorn had not yet reached her heart
felly yr arhosodd calon y rhosyn yn wyn
so the rose's heart remained white
oherwydd mai dim ond gwaed eos sy'n gallu crimson calon rhosyn
because only a nightingale's blood can crimson the heart of a rose

A'r pren a waeddodd ar y nos;
And the Tree cried to the nightingale;
'Pwyswch yn agosach, ychydig o eos, neu daw'r diwrnod cyn i'r rhosyn gael ei orffen'
'Press closer, little nightingale, or the day will come before the rose is finished'
Felly roedd yr eos yn pwyso'n agosach yn erbyn y ddraenen
So the nightingale pressed closer against the thorn
a'r ddraenen yn cyffwrdd â'i chalon
and the thorn touched her heart
a phang ffyrnig o boen yn saethu drwy ei
and a fierce pang of pain shot through her

Chwerw, chwerw oedd y boen
Bitter, bitter was the pain
a thyfodd yn wyllt a gwylltach ei chân
and wilder and wilder grew her song
am ei bod yn canu am y cariad sy'n cael ei berffeithio gan farwolaeth
because she sang of the love that is perfected by death
hi a ganodd am y cariad nad yw'n marw mewn bywyd
she sang of the love that does not die in life
canodd am y cariad nad yw'n marw yn y bedd
she sang of the love that does not die in the tomb
A daeth y rhosyn rhyfeddol yn faen tramgwydd fel rhosyn yr awyr ddwyreiniol
And the marvellous rose became crimson like the rose of the eastern sky
Crimson oedd gwregys petalau
Crimson was the girdle of petals
fel crimson fel rhuddem oedd y galon
as crimson as a ruby was the heart

Ond tyfodd llais yr eos yn llewyach
But the nightingale's voice grew fainter
a'i hadenydd bach yn dechrau curo
and her little wings began to beat

A daeth ffilm dros ei llygaid
and a film came over her eyes
Tyfodd y llew a'r llewyg ei chân
fainter and fainter grew her song
ac roedd hi'n teimlo rhywbeth yn ei thagu yn ei gwddf
and she felt something choking her in her throat
Yna rhoddodd un byrstio olaf o gerddoriaeth
then she gave one last burst of music

clywodd y lleuad wen, ac anghofiodd y wawr
the white Moon heard it, and she forgot the dawn
Ac mae hi'n sefyll yn yr awyr
and she lingered in the sky
Mae'r rhosyn coch wedi clywed
The red rose heard it
a'r rhosyn yn crynu gydag ecstasi
and the rose trembled with ecstasy
Ac agorodd y rhosyn ei betalau i'r awyr oer y bore
and the rose opened its petals to the cold morning air

Echo yn ei gario i'w cavern porffor yn y bryniau
Echo carried it to her purple cavern in the hills
ac fe ddeffrodd y bugeiliaid cysgu o'u breuddwydion
and it woke the sleeping shepherds from their dreams
Roedd yn arnofio trwy gilfachau'r afon
It floated through the reeds of the river
a'r afonydd yn dwyn ei neges i'r môr
and the rivers carried its message to the sea

'Edrychwch, edrych!' gwaeddodd y goeden
'Look, look!' cried the Tree
'Y rhosyn wedi gorffen nawr'
'the rose is finished now'
Ond ni wnaeth yr Eos ateb
but the nightingale made no answer
Oherwydd yr oedd hi'n gorwedd yn farw yn y glaswellt hir,
gyda'r ddraenen yn ei chalon.

for she was lying dead in the long grass, with the thorn in her heart

Ac am hanner dydd agorodd y myfyriwr ei ffenestr ac edrych allan
And at noon the student opened his window and looked out
'Am ddarn gwych o lwc!' gwaeddodd
'What a wonderful piece of luck!' he cried
'Dyma rhosyn coch!'
'here is a red rose!'
'Dwi erioed wedi gweld unrhyw rosyn fel 'na'
'I have never seen any rose like it'
'Mae mor brydferth fy mod i'n siŵr fod ganddo enw Lladin hir'
'It is so beautiful that I am sure it has a long Latin name'
Pwysodd i lawr a thynnu'r rhosyn
he leaned down and plucked the rose
Yna rhedodd i fyny i dŷ'r athro gyda'r rhosyn yn ei law.
then he ran up to the professor's house with the rose in his hand

Roedd merch yr athro yn eistedd wrth y drws
The professor's daughter was sitting in the doorway
roedd hi'n dirwyn sidan glas i ben ar rîl
she was winding blue silk on a reel
a'i chi bach yn gorwedd wrth ei thraed
and her little dog was lying at her feet
'Dywedasoch y byddech chi'n dawnsio gyda mi pe bawn i'n dod â rhosyn coch i chi.'
'You said that you would dance with me if I brought you a red rose'
'Dyma'r rhosyn mwya' reddest yn y byd i gyd'
'Here is the reddest rose in all the world'
'Byddwch yn ei wisgo heno, nesaf eich calon'
'You will wear it tonight, next your heart'
'Tra byddwn ni'n dawnsio gyda'n gilydd, bydd yn dweud wrthych chi sut rydw i'n eich caru chi'
'While we dance together it will tell you how I love you'

Ond mae'r ferch yn gwgu
But the girl frowned
'Rwy'n ofni na fydd yn mynd gyda fy ngwisg'
'I am afraid it will not go with my dress'
'Beth bynnag, anfonodd nai'r Chamberlain rai tlysau go iawn ataf'
'Anyway, the Chamberlain's nephew sent me some real jewels'
'A phawb yn gwybod bod tlysau yn costio mwy na blodau'
'and everybody knows jewels cost more than flowers'
'Wel, rwyt ti'n anniolchgar iawn!' meddai'r myfyriwr yn drist iawn
'Well, you are very ungrateful!' said the Student angrily
Ac efe a daflodd y rhosyn i'r heol
and he threw the rose into the street
a syrthiodd y rhosyn i'r gwter
and the rose fell into the gutter
a throl olwyn yn rhedeg dros y rhosyn
and a cart-wheel ran over the rose

'Anniolchgar!' meddai'r ferch
'Ungrateful!' said the girl
'Gadewch imi ddweud hyn wrthych; Rwyt ti'n anghwrtais iawn'
'Let me tell you this; you are very rude'
Pwy wyt ti beth bynnag? Dim ond un myfyriwr sydd!'
'and who are you anyway? Only a Student!'
'Does gennych chi ddim hyd yn oed byclau arian ar eich esgidiau'
'You don't even have silver buckles on your shoes'
'Mae gan nai'r Siambrlen esgidiau llawer brafiach'
'The Chamberlain's nephew has far nicer shoes'
A hi a gyfododd oddi wrth ei chadair, ac a aeth i'r tŷ.
and she got up from her chair and went into the house

'Beth yw cariad gwirion,' meddai'r Myfyriwr, wrth iddo gerdded i ffwrdd
'What a silly thing Love is,' said the Student, while he walked away
'Nid yw cariad hanner mor ddefnyddiol â rhesymeg'
'love is not half as useful as Logic'
'Am nad yw'n profi unrhyw beth'
'because it does not prove anything'
'Mae cariad bob amser yn dweud am bethau na fydd yn digwydd'
'Love always tells of things that won't happen'
'A chariad yn gwneud i ti gredu pethau sydd ddim yn wir'
'and love makes you believe things that are not true'
'A dweud y gwir, mae cariad yn eithaf anymarferol'
'In fact, love is quite unpractical'

'Yn yr oes yma mae bod yn ymarferol ydy popeth'
'in this age being practical is everything'
'Byddaf yn mynd yn ôl i Athroniaeth a byddaf yn astudio Metaffiseg'
'I shall go back to Philosophy and I will study Metaphysics'
Felly dychwelodd i'w ystafell
So he returned to his room
ac fe dynnodd allan lyfr llychlyd mawr
and he pulled out a great dusty book
Dechreuodd ddarllen
and he began to read

Y diwedd
The End

www.tranzlaty.com